Hanna Raissle

Rosenrot Veilchenblau.

FP EDITION

Wenn Du ein Schiff bauen willst,

dann trommle nicht die Männer zusammen,

um Holz zu beschaffen,

Aufgaben zu vergeben und die Arbeit einzuteilen,

sondern lehre die Männer die Liebe zum Meer.

Antoine de Saint Exupéry

Impressum

Autorin
Hanna Raissle

Fotografie
Raimund J. Löfflad
C.P. Fischer: Seiten 8, 10, 16/17, 24, 42, 58, 72, 92, 104, 118, 135, 140, 152/153

Redaktion
Mechthild Piepenbrock-Fischer
Sebastian Dickhaut

Graphische Gestaltung
[anytype] Die Design-Agentur

Lithographie
media one Werbeproduktionen GmbH

Druck und Bindung
Mohndruck
Graphische Betriebe Gütersloh

ISBN 3-930614-02-2

Inhalt

Vorwort

Das gepflegte Essen am sorgfältig und liebevoll gedeckten Tisch ist immer etwas Besonderes: ein Quäntchen Genuß, ein Quäntchen Sinnlichkeit, ein Quäntchen Lebensfreude – und immer ein wohliges Gefühl der Zusammengehörigkeit. Doch gutes Essen und erlesene Weine allein verbreiten noch keine feierliche Stimmung. Hier kommt es auf das Ambiente an. Ein festlich dekorierter Tisch in einem entsprechend geschmückten Raum versetzt die Gäste schon beim Eintreten in positive, freudige Erwartung und prägt den Verlauf des Abends auf angenehmste Weise.

Dabei will Ihnen dieses Buch helfen. Mit Dekorationen für jeden Raum und für jeden Anlaß, mal aufwendiger und mal ganz einfach. Immer aber geht es in erster Linie um die Stimmigkeit von Farben und Formen. Jede Farbe hat eine eigene Aussagekraft, die direkt auf unsere Psyche einwirkt, also unsere Gemütslage beeinflußt. Lesen Sie auf den folgenden Seiten, wie Farben unsere Laune bestimmen, welche miteinander harmonieren und wie man sie am besten kombiniert. – Sie werden überrascht feststellen, wie leicht es im Grunde genommen ist, jedes festliche Essen zu einem Fest der Sinne werden zu lassen …

Weiß ist im physikalischen Sinne keine Farbe, sondern die Summe aller Farben des Lichts: Ein Prisma teilt farbloses Licht in rotes, orangefarbenes, gelbes, grünes, blaues und violettes Licht. Aber dennoch ist Weiß nicht farblos, wir sehen Weiß und assoziieren damit eine Fülle von Vorstellungen: den kalten Wintertag, das Mondlicht, die weiße Taube, den edlen Alabaster. Weiß ist für uns das Symbol der Unschuld, Reinheit und Klarheit und wird – trotz Wertewandel – noch immer als »die« Farbe für Hochzeitsdekorationen betrachtet. Das zarte, unschuldige Weiß steht hier für den Neubeginn, für ein neu zu beschreibendes Blatt im Leben, das noch viele weiße Flecken auf der Landkarte der gemeinsamen Zukunft enthält. Reines Weiß ist eine kalte Farbe, die in Kombination mit anderen Farben unterschiedlichste Stimmungsbilder ergibt. Weiß bringt jede andere Farbe zur Geltung, kann gewünschte wie unerwünschte Kontraste erzeugen und auch mildern.

Frisch und heiter wie ein Frühlingsmorgen mutet dieser Tisch an, bei dem Weiß mit freundlichen Tönen kombiniert wurde. Naturfarbiger Nessel, locker drapiert, nimmt der weißen Tischdecke die Strenge. Ranunkeln, Freesien, Schneeball und zarte Zweige in hellen, moosgefüllten Weidenkörben strahlen Natürlichkeit und Lebendigkeit aus. Unterstützt wird diese Stimmung durch braune Eier und auf den Tisch gestreute Physalis in ihrem warmen Orange-Gelb.

Kombiniert man Weiß mit warmen Erdtönen und frischem Grün, nimmt man ihm Härte und Strenge und sorgt im Gegenzug für die sympathische Ergänzung, die dunklen Farben ihre Schwere nimmt. So wirkt dieser rustikale Tisch mit ländlicher Keramik und Holzgefäß heimelig und einladend und verspricht gleichzeitig Fröhlichkeit, Geborgenheit und Lebensfreude – kurzum eine Atmosphäre, in der man gerne Gast sein möchte.

Wenn zwei sich trauen, sich trauen zu lassen, muß der Rahmen romantisch, verträumt und märchenhaft sein – einmalig wie der große Tag selbst. Jetzt ist Zeit für Rosen in Hülle und Fülle, für verträumt wirkendes Schleierkraut, für Silber, Kristall und Kerzenschein. Heute ist die Stimmmung prickelnd wie Champagner, und ebenso leicht und verspielt, festlich und überschwenglich, fröhlich und ausgelassen darf geschmückt werden. Ein Traum in Weiß vor einer zart duftenden Rosenhecke, dazu das strahlende Paar – was könnte schöner sein?

Wird so üppig in Weiß und zartem Grün dekoriert, hat man besonderen Grund zu feiern – Hochzeit, Taufe, Jubiläum oder Beförderung. Eben alles, was zwar ein wenig offiziell, dabei aber sehr fröhlich werden soll. Natürlich spricht auch nichts dagegen, wenn Sie auf solch stilvolle und festliche Weise mit lieben Freunden den Frühling in Ihrem Hause begrüßen wollen.

Steht hoher Besuch ins Haus oder wollen Sie einen Gala-Abend in den eigenen vier Wänden veranstalten? Dann ist das Feinste und Vornehmste gerade gut genug. Edle weiße Lilien mit üppigem Grün und viel Silber in der Dekoration wirken erlesen und festlich, ohne aufdringlich und protzig zu erscheinen. Unterstützt wird dieser Eindruck von nobler Zurückhaltung durch die einfache, fast beiläufige Form, in der Blumen und Grün in die Vase gestellt wurden. In dieser Fülle und Großzügigkeit wird der Strauß ausdrucksstark und raumfordernd und steht besonders gut vor einem hellen, sehr ruhigen Hintergrund.

Weiß mit Grün und Silber

Romantik pur – genau das richtige für frisch Verliebte. Durch die verspielten Formen und die verschwenderische Fülle wirkt diese Dekoration schwärmerisch und gefühlsbetont, geschaffen für ein zärtliches Menü zu zweit. Für sanftes, schmeichelndes Licht sorgen die zahlreichen Teelichter, die in der runden Schale von zarten Blüten umspielt werden. Die weiße Spitze auf der Tischdecke und die zu Rosen gedrehten Servietten zeigen dem Gegenüber, mit wieviel Liebe die Tafel für ihn vorbereitet wurde.

Gelb

Gelb vermittelt uns die Wärme der Sonne und des Sommers. Gute Laune, Heiterkeit, Lebensfreude, Zuneigung und Fröhlichkeit sind die Eigenschaften, die wir mit der Farbe Gelb verbinden. Gelb ist die aktive Farbe, die Kommunikation, Klarheit und logisches Denken fördert. Somit eine ideale Farbe für ein unbeschwertes Fest. Mit dem Spätsommer verbinden wir eine andere Nuance aus der Gelbpalette. Es ist das warme, satte Gelb der Sonnenblume. Diese Farbe läßt uns an Ernte denken, an Fülle und Geborgenheit.

Voller Lebensfreude kündigt sich hier das Kommen des Frühlings an. Im lichten Gelb sprießen Osterglocken und Tulpen aus der gedrungenen Vase und trotzen dabei dem kühlen, ruhigen Blau des Winters. Dazu zartes Weiß und lindes Grün in duftig-lockerer Anordnung, die durch die filigranen Gräser und Zweige noch betont wird – ideal für ein Menü zum »Frühlingserwachen«. Den ruhenden Gegenpol bildet ein kompaktes Geflecht aus Gräsern und Blüten. Ein erstes Osternest vielleicht oder gar die liebevolle Verpackung für ein kleines Überraschungsgeschenk zum Frühlingsanfang.

Weiches Moos und das Rund des umrankten Bogens schaffen hier eine ruhige, friedliche Stimmung – es wird Abend tief im Wald. Gelbe Akzente ziehen dabei wie Sterne am Nachthimmel den Blick auf sich. Die schlanke Form der Kerzen und das kühle Metall schaffen noch zusätzliche Spannung. Ein guter Rahmen für ein Buffet.

Getrocknete Gräser und Hölzer, erste Knospen, ein Leuchten früher Blüten und das Weiß des Schnees nur noch in Spuren – hier wird das Fest der Auferstehung in den Farben der ersten Frühlingstage begangen. Die Osternester tragen die jetzt noch überwiegenden Brauntöne, dazu gesellen sich dunkler Efeu und das frische Grün junger Triebe. Und dazwischen strahlen vereinzelt Blüten im warmen Dottergelb hervor. Ein Anblick, der froh und optimistisch stimmt.

Der Sommer geht zu Ende, ein guter Sommer! Reich an Sonne, reich in der Ernte. Drum versammeln sich an dieser Tafel Menschen, die zu danken und zu feiern verstehen. Aus sattem Grün heraus leuchtet kräftiges Goldgelb, das für Glück, Reichtum und Erfüllung steht. Den Rahmen bilden edle Weißtöne in Champagner, Silber und Damast. Rote Früchte sorgen für den aktiv-beleben-den Kontrast – dieser Sommer geht zu Ende, doch der nächste kommt bestimmt.

Gelb mit Grün & Lila

Auch der erste Federweiße oder die pure Freude an einem sonnigen Spätsommertag können Grund genug sein, sich einfach mal zwanglos bei Tisch zu treffen. Dann paßt am besten ein natürlicher Rahmen: Auf festem Tuch versammeln sich hier die Blumen, Gräser und Früchte des Feldes, von leichter Hand angeordnet in irdenen Gefäßen. Das sommerliche Gelb der Sonnenblume gibt dabei den Ton an, wobei Lavendel, Hortensien und Sedum sowie Weintrauben, Beerenranken und Zwiebeln den belebenden Kontrapunkt setzen. Dazu ein ordentlicher Wein und ein paar Köstlichkeiten aus der späten Ernte – ein Fest, an das man noch lange denken wird.

»Nach Golde drängt, am Golde hängt doch alles«, sagt Goethe in seinem »Faust« und beschreibt damit sehr treffend diese unerklärliche Faszination, die Gold auf uns Menschen ausübt. Gold – das ist etwas Besonderes, auch in der Gemeinschaft der Farben, in der es zur Gelbfamilie gezählt wird. Gold steht für Luxus – und für Beständigkeit.

Gelb & Gold

Es ist wie geschaffen fürs Weihnachtsfest: strahlend, ohne grell zu sein, bezaubernd, ohne zu verführen. Getrocknete Früchte und Gewürze in warmen, dunklen Naturtönen sorgen dafür, daß der Glanz des Goldes nicht zur stolzen Protzerei verkommt. So herrscht Ruhe – und Wärme.

Orange.

Orange gilt als die aktivste, wärmste und anregendste Farbe im Spektrum. Gemischt aus dem glühenden Rot und dem hellen Gelb der Sonne, symbolisiert sie das Herdfeuer, um das sich seit Urzeiten die Menschen versammelt haben. So vermitteln Tischdekorationen in Orange Wärme und Geborgenheit ebenso wie die Freude am gesellschaftlichen Leben und am gemeinsamen Gespräch. Und: Orange weckt den Appetit! Das macht diese Farbe zur vielseitigsten und wichtigsten bei der Tafelgestaltung – mal in kräftigen Tönen, mal in helleren Nuancen bis hin zum Apricot. Gerade die hellen Töne schmücken auf festliche, dabei aber heitere und ungezwungene Weise.

Reife Früchte des Herbstes in leuchtendem Orange mit hellem und dunklem Grün vermitteln Fülle, das satte, rundum pralle Leben. So findet sich die runde Form von Kürbis und Quitten in der Gestaltung der Schale wieder und verstärkt die kraftvolle Ausstrahlung. Die unterschiedlich intensiven Orangetöne von Kürbis, Nadelkissenprotea und den übrigen Früchten kommen durch den Gegensatz zu den fast schwarzen Dattelrispen und den blassen Hortensienblüten besonders gut zur Geltung und zeigen den Herbst als gesegnete Erntezeit, als »goldenen« Oktober. Bezug zum Herbst, zum jungen Wein, vermitteln auch die grünen Flaschen, die außerdem mit ihrer aufstrebenden Form das optische Gegengewicht zu den runden, satten Formen bilden.

stimmungsvoll

Ein Tisch, an dem man Zeit und Raum vergessen kann, genau richtig für die Tage und Nächte zwischen den Jahren. Das helle Orange der Rosen verbindet sich mit der Intensität getrockneter Apfelsinen, geschlossene Formen stehen lockerer Spitze und zarten Zweigen gegenüber. Kerzen flackern im Dunkel und umschmeicheln alles mit warmem, sanftem Licht – eine Stimmung zum Davonträumen…

Die Ernte eines erfüllten Herbsttages, nach Stunden voller Sonne und Sammeln ausgebreitet auf naturweißem Leinen – eine Dekoration wie eine Einladung. Der Gleichklang von warmen Tönen gibt dieser Fülle von Farben, Formen und Größen dabei Struktur. Dieses Arrangement harmoniert übrigens auch mit modernem Geschirr und schlichten Leuchtern.

Wie auf einer beiläufig hingeworfenen Skizze werden hier die Wonnen eines trägen Sonnentages gezeigt: Es gilt, sich treiben zu lassen, zu nehmen, was kommt. Eindeutige Formen sorgen für Entspannung. Terrakotta bannt die Sonnenglut in Stein, Tupfer in grellerem Orange signalisieren Hitze. Helles Grün und weiches Gelb sind freundliche Begleiter. Eine Dekoration, die am besten in lichter Umgebung wirkt.

Hier vereinen sich Sinnlichkeit und Stil in intimer Atmosphäre. Ein Tisch für Romantiker – und natürlich für ein verliebtes Abendessen zu zweit. Reizvoll öffnen sich Blüten in Orange, Lachs und Ecru in verspielten Silberschalen. Fast lasziv herabhängende Ranken und einige verstreute Blütenblätter fördern diese Stimmung und bringen Gelassenheit.

sinnlich gelassen

Vieles ist rund auf diesem Tisch, so wie die Sonne oder die reife Frucht: Terrakottakugeln und Hagebutten sowie Ebereschen und Physalis, die mit Golddraht zu Ketten gebunden sind. Das Gelb der Blüten nimmt dem Orange etwas von seiner Glut, die Ranken lockern mit ihrer Ungebundenheit das Gleichmaß, ihre länglichen Blätter brechen das perfekte Rund auf. Geflochtener Bast und Jute geben dem Ambiente einen ländlichen Charakter und verbinden alles zu einer fließenden Einheit, die Ruhe und Gelassenheit, Ausgewogenheit und Entspannung ausströmt.

Rosa

Wer auf rosa Wolken schwebt oder das Leben durch die rosa Brille sieht, ist glücklich, zufrieden, mit sich selbst im Einklang – wahrscheinlich sogar bis über beide Ohren verliebt ... sagt der Volksmund. Und wie so oft, trifft er den Kern der Sache. Die Farbe Rosa wirkt zart, lieblich, sanft stimulierend, manchmal ein bißchen schwärmerisch – immer aber sehr romantisch. Etwas frecher, kühner und provozierender wird sie, wenn Blauanteile dazukommen und das weiche Rosa ins kecke Pink übergeht. Also: Spielen Sie mit der Farbe Rosa, mal als verträumte Wolke 7 oder als Wolke 7 mit aufregend-prickelndem Reiz.

Rosa, eine Mischung aus dem warmen Rot und dem kalten Weiß, wird häufig als die Farbe des gelungenen Kompromisses bezeichnet, denn in seiner Wirkung ist Rosa stark von den Nachbarfarben abhängig. Hier läßt das Rosa der Tischdecke, leicht gebrochen durch den gerafften Tüll, die champagnerfarbigen Rosen in zartem Rosa erstrahlen, was durch das kräftige Dunkelgrün noch intensiviert wird. Viel Glas, Silber und das reine Weiß der Kerzen geben dieser harmonischen Dekoration femininen Charme und dezente Raffinesse, die durch eine helle Umgebung, in der warme Töne vorherrschen, zusätzlich unterstrichen wird.

Pfirsich mit Bordeaux

Sanft und weiblich, weich und anschmiegsam zeigt sich das helle Rosa, sobald es den Kinderschuhen entwachsen ist. Besonders wenn es mit warmen, dunkleren Rosatönen verwoben wird. Bei dieser Komposition schwelgen pfirsichfarbige Rosen in verspieltem Grün und werden von bordeauxfarbigen Amaranthus sowie Chiffonbändern und Perlen umschmeichelt. Grüne Trauben und Sedum in Altrosa bilden den Ruhepol zu Ranken und der gerüschten weißen Spitzendecke. Solche Dekoration braucht stets ein helles Umfeld, damit die leisen Farben voll zur Geltung kommen und die leichte, festliche Atmosphäre erhalten bleibt.

Rosa mit Orange

Rosa, die Farbe der schwärmerischen Träumerei, prägt diesen femininen Tafelschmuck, bei dem lachs- und champagnerfarbige Rosen mit Ebereschenbeeren und weißen Lilien auf dem über die gesamte Tischlänge drapierten rosafarbigen Taft »wie auf rosaroten Wolken« schweben. Die spielerische Leichtigkeit dieses Arrangements wird durch fast transparent wirkende Clematisfruchtstände, winzige Hortensienteile, zarte Gräser, Ranken und Blätter und nicht zuletzt durch zarte Tüll- und Seidenbänder unterstützt. Glänzender weißer Damast sorgt für den festlichen Rahmen.

Die Kombinaton von Rosa und Grün steht bei Farbpsychologen für alle Aspekte des Wachstums, der Jugend und der Frische. Hier vermitteln rosafarbige Hyazinthen, mit Bast und Golddraht umwickelte Mooskugeln und erstes Birkengrün die Sehnsucht auf den Frühling, auf das Wieder-erwachen der Natur. Diese Stimmung findet Untermalung durch den bäuerlichen Tisch sowie erdig-rustikale Töpfe und Teller aus Terrakotta. Einen optischen Kontrapunkt bilden eben-falls in Moos gebettete blaue Stiefmütterchen, die wegen ihres sanften Farbtons nicht dominant, sondern als harmonische Ergänzung wirken.

Rot.

Rot, mit großem Abstand die beliebteste Farbe, drückt Kraft, Dynamik und einen gewissen Stolz aus. Sie fasziniert, fordert unsere Aufmerksamkeit und läßt sich nicht übersehen. Wie das Leben ist diese Farbe voller Gegensätze. So assoziieren wir mit Rot feurige Liebe, Aktivität, Tatkraft und Impulsivität. Wir sehen in dieser Farbe das wärmende, aber auch das verzehrende Feuer, das Blut als Lebenssaft ebenso wie die Blutrache. Und natürlich die Liebe! »Rot ist die Liebe« heißt es, und rote Rosen sind die klassischen Blumen für Verliebte. Rot in allen Schattierungen – von hell und leuchtend bis dunkel und samtig – erhält durch den Komplementärpartner Grün in der Natur wie in der Dekoration das ausgleichende, Verbindung schaffende Gegengewicht.

prunkvoll

festlich

Rot, Orange & Lachs

Warm und sommerlich zeigen sich hier Blumen und Beeren in verschiedenen Rottönen, kombiniert mit Orange und Lachs. Das intensive Rot, Farbe der flammenden Leidenschaft, kommt durch das Grau-Lila der Schale besonders gut zur Geltung und erhält durch die verspielte Form von Gräsern und Ranken etwas Sinnliches, ja fast einen Hauch von Frivolität. Die richtige Dekoration für ein verliebtes Tête-à-tête – am besten in der Umgebung von hellen Hölzern wie Kirsche, Birne, Pinie oder hellem Nußbaum.

Rot

Auch wenn Nikolaus und Weihnachtsmann stets rote Mäntel tragen, ist Rot nicht nur für Kinder die klassische Weihnachtsfarbe. Auch Erwachsene können sich dem Reiz von roten Äpfeln, roten Kerzen und roten Bändern zum dunklen Weihnachtsgrün nicht entziehen. Hier kommen noch leicht elegisch wirkende Hagebuttenranken, Zweige und Zapfen dazu und verbreiten zusammen mit dunklen Weidenkörben die heimelige Stimmung schönster Kindheitserinnerungen. Sparsam verarbeitetes Gold sorgt für Glanz und Festlichkeit. Dieses Arrangement harmoniert bestens mit dunklen Möbeln, bildet aber auch einen wunderbaren Kontrast zu modernem Ambiente mit Glas und Chrom.

Rot & Blauschwarz

Lustvoller Übergang vom Sommer zum Herbst mit samtig-roten Rosen, Trauben, dunklen Beeren und Pflaumen – dazu große Artischocken und zarte Ranken. Arrangiert ist alles mit Zinn und Schmiedeeisen, das in dieser Zusammenstellung seine Schwere und Behäbigkeit, nicht jedoch den Charme der Nostalgie verliert.

Purpur, Grün & Silber

Beförderung, Hochzeitstag oder auch Versöhnungsessen nach einem Ehestreit – es gibt eben Abende, die einer gewissen Dramaturgie bedürfen. Purpurfarbige Moiréseide und Silber, Kerzenlicht und Champagner, Blumen und Früchte sind dann der richtige Rahmen. An einem solchen Abend kann es ruhig etwas barock und üppig sein. Dabei sorgt viel Grün als Kontrast zum dunklen Rot für die nötige Frische und verhindert einen schwülstigen Eindruck. Steht diese Dekoration vor einem hellen Hintergrund, treten die Kontraste stärker hervor, und die allgemeine Stimmung wird weniger dramatisch, dafür aber leichter und offener.

Manchmal darf's auch etwas größer sein. Am Ende einer Tafel, als Blickpunkt eines Buffets oder irgendwo im Raum als optischer Gegenpol zum Tisch erregt diese Etagere aus verschieden großen Terrakottatellern und umgedrehten (mit doppelseitigem Klebeband befestigten) Tontöpfen ganz sicher Bewunderung. Verschiedene Rot- und Rosatöne in Blüten und Früchten strahlen Kraft und Lebendigkeit aus, die vom frischen Grün der Ranken und Trauben intensiv unterstützt wird. Diese schaffen übrigens außerdem die harmonische Verbindung zwischen den einzelnen Ebenen.

Rot

Rot, Orange & Lila

Reif für die Insel? Dann holen Sie sich die Atmosphäre von südlicher Sonne ins Haus oder auf die Terrasse – mit Blüten in Rot- und Orangetönen, geschwungenen Ranken und sommerlichen Beeren. Terrakotta-Accessoires unterstützen die Stimmung, und ein kleiner Akzent in Lila bei Blüten und der Schale bringt anregend-positive Spannung – auch ein Thema für die Insel, oder?

Aktiv und dynamisch stellt sich diese Dekoration in allen Nuancen des Rot-Spektrums dar. Sowohl das klare Rot als auch Töne mit Gelb- und Blaubeimischungen sorgen einerseits für Spannung, andererseits aber auch für Harmonie, wobei zartes Grün unterstützend wirkt. Das ist genau der richtige Tischschmuck für Menschen mit Elan und Temperament, kurz für Menschen mit Lebensfreude! Er kommt in hellen wie in dunklen Räumen gleichermaßen gut zur Wirkung.

Rot, Grün & Lila

Sich zurücklehnen, die Sonne auf der Haut spüren, einfach mal die Seele baumeln lassen und sich in trauter Zweisamkeit wohlfühlen – hier ist der richtige Platz für ein Liebesmahl zu zweit. Die romantische Stimmung wird zusätzlich betont durch zwei üppige Rosensträuße in glutvollem Rot, ergänzt durch Lysianthus und Trachelium in Lila, der Farbe der Weiblichkeit, Erotik und Mystik. Übrigens steht für Psychologen die Verbindung von tiefem Rot und Lila für Faszination, Emotion und Leidenschaft.

Spannung

Lila & Grün

Das geschickte Spiel mit Gegensätzen in Form und Farbe gibt diesem Tisch den Charakter: Dem an sich für Ruhe und Frieden stehenden Grün wird durch Kaskaden an Linien und Formen Dynamik verliehen. Lila und Violett, beides neutrale Farben, dienen hier nur als Bühne und Hintergrund. Dunkle Lysianthus setzen dabei nicht zu starke Akzente. Ein Bild, das bei aller Bewegung nicht unruhig wirkt und dessen Extravaganz sich würdevoll zurückhält. Und trotzdem ein eindringliches Bild. Das ist der richtige Ort für harmonieliebende Menschen – Menschen, die sich kennen, schätzen und respektieren.

Lila, Rot & Grün

Hier wird aufs Ganze gegangen: Rosen in voller Blüte, getaucht ins Samtrot der Leidenschaft, dem durch violette Lysianthus und Alliumkugeln noch Nachdruck verliehen wird. Dazwischen drängt sich Grün in hellen Tönen. Dunkel und schwer in der Farbe, erhalten die üppigen Blüten besonders durch die leuchtenden Zweige und Rispen eine plastische, fast schwebende Wirkung. Ein Strauß, der vor Energie strotzt. Effektvoll im Zaum gehalten wird er dabei von den Ranken der Ackerwinde. Vorsicht an diesem Tisch: Der Gastgeber weiß, was er will. Und er weiß auch, wie er's am besten bekommt.

Ein englischer Landsitz zur violetten Stunde. Die Tage sind warm, doch abends steht kühler Nebel im Garten. Versetzen wir uns in eine Epoche, die das Leben zum Kunstwerk stilisierte. Scabiosa, Trachelium, Lysianthus und Hortensien sind wie Unikate in der Vase drapiert. Die Töne gleichen sich, aber die kontrastreiche Anordnung unterstreicht das natürliche Selbstbewußtsein von Violett. Warmes, bescheidenes Grün mildert diesen Eindruck, ebenso das harmonische Miteinander in der flachen Schale. Die Botschaft aber bleibt: Violett ist eine Klasse für sich.

Lila mit Gelb

In der Hitze der Provence. Selbst die wie ausgebleicht wirkenden Pastelltöne vermitteln noch die Glut des Sommers. Irgendwo zwischen Sand und Meer, zwischen Traum und Wirklichkeit steht diese Tafel. Stark ist die Wechselwirkung der sehr eigenständigen Komponenten: Kräftiges Veilchenblau im schlichten Übertopf steht dem blassen Lila des Lavendels gegenüber, der sich dezent-raffiniert darstellt. Das konträre Zitronengelb schafft auf angenehm erfrischende Weise zusätzliche Spannung. Ein Tisch, an dem fast alles möglich scheint.

Blau

Nachtblau, Azurblau, Königsblau, Aquamarinblau ... die Farbe Blau hat viele Gesichter. Blau steht für Sympathie und Harmonie, für Freiheit, Weite und Unendlichkeit, für Freundschaft und Wahrheit. Blau kann seriös und elegant oder auch kühl und frostig wirken, je nachdem, wie es kombiniert wird. Immer aber strahlt es eine gewisse Ruhe aus, die den Betrachter auf besondere Weise anzieht.

Blau mit Rosa

Kontraste, richtig eingesetzt, schaffen eine Atmosphäre von Ruhe, Eleganz und Harmonie: Das Blau in Stoff und Glas erhält durch die glänzende Oberfläche noch mehr Kühle, die aber von der sanften, zarten Dekoration auf edelste Weise überstrahlt wird. Seidige Rosen in Zart-Rosa, verwoben mit grau-grünen, matt wirkenden Tillandsien und einzelnen Lilienblüten wirken fast ätherisch und zerbrechlich, dabei in höchstem Maße festlich. Für die optische Verbindung zwischen Zartheit und Kühle, zwischen Rosa und Blau, sorgen die auberginefarbigen Clematisranken.

Blau mit Rosa & Grün

Blau in Tischdecke, Geschirr und Accessoires vermittelt mit Rinde, Moos und Zweigen in erdhaften Braun- und Grüntönen den Eindruck eines Waldspaziergangs in der Abenddämmerung. Reichlich Kerzenlicht in verschiedenen Höhen taucht alles in wohltuende Wärme und nimmt den dunklen Farben die Schwere. Mit solcher Dekoration können Sie ein herbstliches Essen sowohl in heller Umgebung als auch im Umfeld von rustikalen Möbeln stimmungsvoll arrangieren.

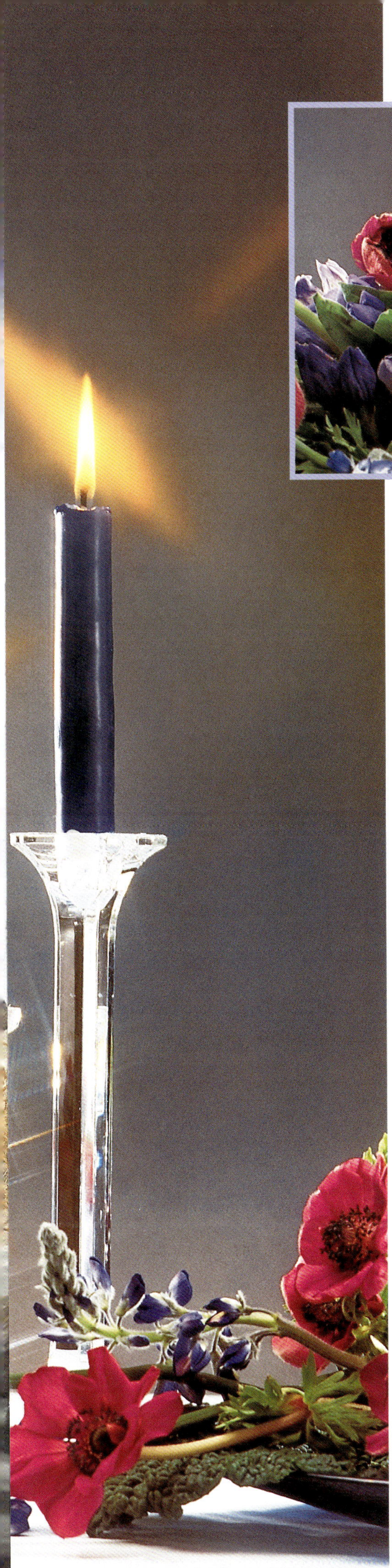

cooles Ambiente

Wer modernes, »cooles« Ambiente liebt, kommt hier auf seine Kosten: Blaues und klares Glas in strengen Formen findet eine reizvolle Ergänzung in den markanten grünen und blauschwarzen Strukturen von Obst und Gemüse sowie den aufrechten Linien von Schachtelhalm, nach oben strebenden blauen Lobelien und nicht zuletzt den alles umwindenden Clematisranken. Als Harmoniepunkte kommen nostalgische Gartenkugeln und schmeichelnde Anemonen in einem warmen Pinkton dazu – damit Cooles nicht kalt und unpersönlich wirkt!

Blau mit Grün & Pink

Blau, Orange & Grün

Leuchtend, zart und fast transparent wirken die blauen Blüten des Rittersporns zwischen schwingenden Gräsern, die mehrfach gebunden sind und somit auch ohne stützende Vase auskommen. Statt dessen steht dieser Strauß mit erfrischender Anmut in einer flachen Glasschale, umspielt von hineingestreuten Blüten. Charme und Liebreiz dieser Gestaltung werden durch die verspielte Girlande aus grünen Euonymusfrüchten, Ranken und Clematisfruchtständen ebenso verstärkt wie durch das wiederkehrende Blau in Karaffe, Gläsern und einzelnen Ritterspornblüten.

Grün.

Grün

Ohne Blattgrün wäre die Farbenpracht der Natur nicht denkbar. Wie ein bescheidener Diener sammelt es das Licht, damit Blüten erstrahlen können. Das passive Grün, gemischt aus dem Gelb der Sonne und dem Blau des Himmels, ist auch in der Floristik die Basis fürs Schöne. Es steht für Ruhe, Zurückhaltung, Natürlichkeit und Frische, aber auch für das Herbe, Konzentrierte – und fürs aufstrebende Leben.

Grün mit Blau & Rosa

Der Wein ist noch nicht eingeschenkt, keine Flamme flackert auf den Kerzen. Der stumme Diener im Hintergrund wirkt wie mit Patina überzogen, eine Rosenranke umschlingt die kompakten, in sich ruhenden Gestecke. Ein Bild des Wartens, das durch das schwebende Blau noch verstärkt wird. Doch Akzente in Rosa und Weiß weisen auf Leben hin, das sich hier allerdings verhalten gibt. Jederzeit kann es wachgeküßt werden – man muß nur Platz nehmen an diesem einladend gedeckten Tisch.

Grün mit Lila

Wie im Traum wird hier der Tisch zu einem Stück Zauberwald. Ein kleines, recht vertrautes Paradies offenbart sich. Das Grün kontrastiert nur leicht mit verwandten Farben wie kühlem Türkis und dem hier eher belebend als mystisch wirkenden Lila. Beerenranken und Glockenblumen lockern die Flächigkeit des Mooses wohltuend auf. Da kann der Blick ungehindert schweifen, und die Gedanken und Gespräche werden so frei fließen wie die kleine Quelle in der Mitte des Tischs.

Hier spielt Grün die Rolle, die es perfekt beherrscht: Es stellt sich in den Dienst einer anderen Farbe. Und so leuchtet das wie hingetupfte Gelb den Betrachter an, noch erhellt durch das Weiß der Chrysanthemen. Die tiefgrüne Decke, die an Vergänglichkeit erinnernden Vasen – ihnen wird spannungsreich eine üppige Vitalität entgegengesetzt. Die über allem schwebenden Gräser sorgen elegant für Schwung. Ein Tisch für den Abschied des Sommers – mit Würde, aber ohne Wehmut.

Grün mit Gelb

Grün in Grün

Erfrischung

Wie beim Stilleben eines alten Meisters ist Grün hier in Szene gesetzt. Dabei wird aus dem vollen der Natur geschöpft: Das leicht durchsonnte Grün der Trauben, das saftige, erfrischende Kiwigrün, junges Lauchgrün und sattes, kraftvolles Paprikagrün – das schafft einen nuancierten Gleichklang. Gestärkt wird dieser durch die eher geschlossene Form der Früchte und Gemüse. Das Umfeld in erdigem Braun gibt dem Ganzen eine gewisse Behaglichkeit. Vor Trägheit aber schützt die Spritzigkeit von Limette und Champagner – eine Tafel für Edelleute!

Grün nimmt seinen Lauf. Es wächst, wohin es will, und es tritt in vielen Formen auf. Als Blatt kann es Schwert oder Schild sein, es kann sich verspielt ranken oder als volle Frucht kompakt behaupten. Wie auf einem Bogen Papier sind hier die Möglichkeiten von Grün aufgezeichnet. Auf dem weißen Untergrund treten besonders die schattierten Töne hervor. Trotzdem ist dieser Ton-in-Ton-Schmuck eher Begleitung als Inszenierung. Ganz im grünen Sinne: Offen für vieles.

Grün mit Weiß

Der erste Schritt zum schönen Tisch

Ihre Gäste kommen und gehen, Ihre Einladungen sind mal festlich und mal schlicht, Ihre Räumlichkeiten aber bleiben dieselben. Da heißt es, den Tisch jeweils so zu schmücken, daß der Gesamteindruck dem Anlaß des Festes entspricht. Bevor Sie jedoch damit beginnen, schauen Sie sich den Raum und all seine gestalterischen Elemente prüfend an, und achten Sie besonders auf folgendes:

Welche Farbe hat der Fußboden?

Welche Farbe haben die Wände?

Welche Farbe haben die Gardinen?

Gibt es Bilder oder Gegenstände mit starker Wirkung?

Welche Hölzer prägen den Raum?

Gehen Sie nach diesem ersten Eindruck aus dem Zimmer, und betrachten Sie es beim nächsten Betreten »mit den Augen eines Fremden«. Nehmen Sie dabei die Stimmung des Raumes vollkommen in sich auf, und verlassen Sie den Raum wieder. Gehen Sie danach ein weiteres Mal hinein. Wohin fällt Ihr Blick als erstes? Merken Sie sich diese Stelle genau, denn sie wird auch Ihren Gäste zuerst auffallen. An diesem Platz kann später ein Dekorationselement angebracht werden, das mit dem Tischschmuck korrespondiert. Wenn Sie nun über den Eßtisch hinweg in den Raum sehen, geht Ihr Blick zwangsläufig auf den zweiten bedeutsamen Punkt im Raum, den besten Platz für eine zusätzliche Dekoration. So erreichen Sie ein geschlossenes Gesamtbild im Raum, bei dem der Eßtisch im Mittelpunkt des Geschehens steht. Wenn Sie nun Ihre Bestandsaufnahme abgeschlossen und den richtigen Rahmen gefunden haben, können Sie mit den Vorbereitungen für die eigentliche Tischdekoration beginnen. Kleiner Tip am Rande: Führen Sie Buch über Ihre Arrangements – in Stichwortlisten oder mit Fotos. Das bringt immer wieder neue Ideen und erschließt Ihnen die Raumwirkung besser.

Wohin fällt Ihr Blick als erstes?

Das Thema der Dekoration

Die Grundüberlegung für jede Dekoration ist der Anlaß des Essens. Ist es ein Familienfest, ein lockeres Treffen mit Freunden oder eine offizielle Einladung? Je festlicher und aufwendiger die Feier, desto üppiger darf der Rahmen sein. Jedoch ist hier weniger oft auch mehr, denn Dekorationen, die zum Selbstzweck verkommen, wirken peinlich.

Soll ein Gast besonders geehrt werden, bestimmen seine Vorlieben, charakteristischen Eigenschaften, Hobby oder Beruf das Thema.

Auch wenn man »einfach so«, ohne speziellen Grund einlädt, tut man sich bei der Dekoration wie bei der Auswahl der Gerichte leichter, wenn man ein Motto wählt: etwa ein Fisch- oder Wildmenü, ein Mittelmeer-Abend oder ein jahreszeitliches Thema wie Osterbrunch, Sommerfest oder Erntedank.

Wenn das Thema gefunden ist

Das Thema steht fest, und Sie wissen in etwa, wohin die Reise gehen soll? Dann kommt's jetzt aufs »Gepäck« an. Stöbern Sie – von Tischwäsche und Geschirr ausgehend – in Ihrem Haushalt nach dazu passenden Leuchtern, Vasen, Schalen, Bändern, Schleifen und was Sie sonst noch so finden. Stellen Sie alles auf einem freien Tisch zusammen, und plazieren Sie es so lange immer wieder neu, bis Ihnen die Komposition gefällt. Was fehlt, können Sie jetzt noch in Ruhe besorgen oder ausleihen. Zusammen mit dieser Auswahl legen Sie die Farben fest, die Sie bei der Tischgestaltung verwenden wollen, überlegen sich, welche Blumen Sie nehmen möchten, und bestellen Sie sie gegebenenfalls bei Ihrem Floristen.

Farbwahl

Leitfarbe

Um eine rundherum gelungene Farbzusammenstellung zu erhalten, gibt's zwei Möglichkeiten: Bei Nr. 1 wird eine im Raum vorhandene Farbe zur Leitfarbe, der die übrige Dekoration folgt. Das kann harmonisch Ton in Ton oder mit Nachbarfarben geschehen, aber auch mit Komplementärkontrasten, einem Farbdreiklang oder -vierklang. (Genaueres dazu erfahren Sie auf den nächsten Seiten.) Bei der Nr. 2 wird die Kontrastfarbe zur Leitfarbe, was eine auffälligere Wirkung erzeugt, allerdings auch etwas Fingerspitzengefühl verlangt, damit das Gesamtbild nicht zu unruhig wirkt.

Kontrastfarbe

Oben finden Sie als Beispiel eine Auswahl von Dekorationselementen für ein Arrangement, bei dem die Farbe Blau in Kombination mit Silber das Grundthema ist. Ob Sie damit zur »Blauen Stunde« einladen, an einem heißen Sommertag ein »cooles« Fest feiern oder in einem Raum mit warmen Farben einen Kontrapunkt setzen wollen – vieles ist hier möglich. Bei der Materialsuche für andere Farbkombinationen gehen Sie auf dieselbe Weise vor; Sie werden überrascht sein, welche Schätze sich in Ihrem Haushalt finden …

Die Wirkung der Farbe

Rot ist nicht einfach nur Rot, Blau nicht einfach Blau. Jede Farbe hat eine bestimmte Ausstrahlung, Bedeutung und Signalwirkung. Ihr Erscheinungsbild kann warm, kalt oder neutral sein; außerdem kann sie hell oder dunkel, leuchtend oder trüb, sanft oder kräftig erscheinen. Das Wissen darüber macht es wesentlich leichter, Farben gelungen miteinander zu kombinieren. Machen Sie sich mit den wichtigsten Grundsätzen vertraut.

WARME , KALTE UND NEUTRALE FARBEN

Rot, Orange, Gelb und Gold sind warme Farben, Blau, Weiß und Silber kalte. Aus kaltem Blau und warmem Rot gemischtes Violett gilt als eine neutrale Farbe, ebenso das aus kaltem Blau und warmem Gelb gemischte Grün. Verändert sich bei diesen Farben der warme oder der kalte Anteil, so kann beispielsweise aus einem neutralen Grün ein warmes Maigrün oder ein kaltes Blaugrün werden.

HELL UND DUNKEL

Je mehr Weiß eine Farbe enthält, desto heller wird sie. Schwarzanteile machen den Farbton dunkler, bis er völlig zu Schwarz verdichtet ist.

KLARE UND TRÜBE FARBEN

Reine, ungemischte Farben wirken klar. Je mehr eine Farbe gemischt ist, desto trüber wirkt sie. Dabei spielt es auch eine Rolle, auf welcher Oberfläche sie sich präsentiert. Glas, feines Porzellan oder Seide bringen Farben zum Strahlen; unglasierte Keramik, rauhes Holz oder Leinen dagegen lassen dieselbe Farbe matt bis stumpf erscheinen.

WIE MAN MIT FARBWIRKUNGEN GEZIELT STIMMUNGEN ERZEUGEN KANN

Warme Farben können in einem kühl eingerichteten Wohnraum weiche und freundliche Akzente setzen.
Kühle Farben schaffen dagegen in einem warmen Umfeld einen angenehmen Ruhepol.

Werden helle Farben vor dunklem Hintergrund oder dunkle Farben vor hellem Hintergrund verwendet, steigert dieses die optische Trennung. Ist die Wirkung zu stark, mildern Mischfarben den Kontrast ab.

Klare, leuchtende Farben lassen sich in ruhiger Umgebung als Blickfang einsetzen. Trübe Farben helfen, allzu laute Wirkungen zu dämpfen.

DIE WIRKUNG VON FARBEN HÄNGT STARK DAVON AB, WIE SIE KOMBINIERT WERDEN.

DABEI GIBT ES VERSCHIEDENE MÖGLICHKEITEN – VON HARMONISCH BIS KONTRÄR

Ton-in-Ton-Kombinationen

Eine Farbe wird durch hellere und dunklere Nuancen derselben Farbe ergänzt. Zum Beispiel: Rot mit Rosatönen und Bordeaux.

Kombination von Nachbarfarben

Hier kombiniert man die im Farbkreis nebeneinanderliegenden Farben: Gelb mit Orange, Orange mit Rot, oder Rot mit Lila. Auch möglich und sehr interessant mit 3 Farben: Gelb, Orange und Rot oder Orange, Rot und Lila mit allen Zwischentönen.

Gegensatzfarbe oder Komplementärkontrast

Die Verbindung von Farben, die im Farbkreis gegenüberliegen: Rot und Grün, Blau und Orange, Violett und Gelb. Dabei steigern sich die Farben gegenseitig in der Wirkung.

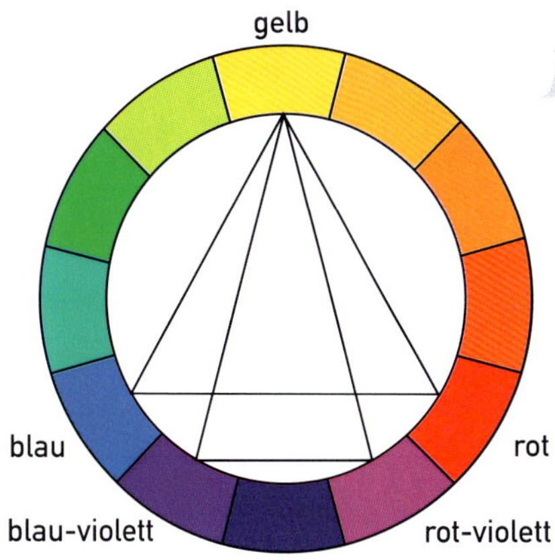

Farbdreiklänge

Zeichnen Sie ein gleichseitiges oder gleichschenkliges Dreieck in einen Farbkreis. Die Farben, die durch die Spitzen verbunden sind, passen jeweils zueinander. Zum Beispiel: Gelb, Blau, Rot oder Gelb, Blau-Violett, Rot-Violett.

Farbkreise sind erhältlich in Malbedarfsgeschäften

Warme Farben

Komplementär-
Kontrast

Farbrezepte aus der Natur

Ton-in-Ton-
Farben

Nachbarfarben
– kalt –
Blau und Grün

Nachbarfarben
– warm –
Gelb, Orange,
und Dunkelrot

Hell-Dunkel-Kontrast

Hell-Dunkel-Kontrast

Wer offenen Auges durch die Natur geht, findet alle theoretischen Abhandlungen zum Thema Farbe bestätigt. Blüten und Früchte, Bäume und Sträucher, Schmetterlinge und Federn liefern immer wieder Farbkombinationen, wie sie kein Mensch besser erfinden könnte. Einige solcher Beispiele finden Sie auf der linken Seite. Doch nicht nur im Detail bieten uns Flora und Fauna Ideen zur Farbgestaltung, sondern auch in pflanzensoziologischen Gemeinschaften, etwa einer Bergwiese oder im Moor, sind die vorherrschenden Farben immer wieder auf eine ganz bestimmte Art und Weise kombiniert. Dabei sieht man auch, daß außer der Kombination der einzelnen Farben die Verteilung der jeweiligen Farbmenge für die Gesamtwirkung von entscheidender Bedeutung ist und die Stimmung wesentlich beeinflußt.

Licht

Bei Nacht sind alle Katzen grau – denn erst das Licht läßt die Farben leuchten. Dabei werfen manche Farben das Licht stärker zurück als andere und kommen so auch in dunkleren Räumen gut zur Geltung – Weiß zum Beispiel. Die warmen, klaren Farben Gelb, Orange und Rot verlieren zwar in schwach ausgeleuchteten Räumen an Intensität, sind dort aber immer noch gut zu sehen. Blau braucht da schon deutlich mehr Licht, das meiste aber benötigt Violett, das am besten zusätzlich vor einem hellen Hintergrund stehen sollte. Beim Grün kommt es auf die Farbrichtung an: Das frische, helle Maigrün etwa kommt mit weniger Ausleuchtung aus als das dunkle Tannengrün. Besonders stimmungsvoll und festlich werden Dekorationen, bei denen Kerzen integriert oder als leuchtende Inseln im Raum eingesetzt wurden. Denn Kerzenlicht schmeichelt und schafft ein interessantes, sich ständig veränderndes Spiel von Licht und Schatten.

Spiel mit Licht & Schatten

Für manche Festivitäten ist ein pfiffig-witziges Kleid für den Tisch einfach besser geeignet als ein klassisch edles. Wer hier seine Phantasie spielen läßt, kann oft für wenig Geld die raffiniertesten Kreationen schaffen. So ist Futtertaft aus dem Kaufhaus eine herrliche Unterlage für Tüll oder Spitze. Auch Nessel, Jute und einfache indische Baumwollle ergeben interessante Tischtücher. Und sogar mit Wellpappe und Tapeten, Geschenk- und Japanpapier, Karton und Folien lassen sich überraschende Wirkungen erzielen. Etwas sperrige Materialien wie Wellpappe und Karton werden etwa mit einer dicken Schnur wie ein Paket am Tisch befestigt oder aber mit Tischtuchklammern, die mit auffälligen Kordeln, Quasten, Perlenketten oder ähnlichem geschmückt sind.

Stoffe

Schöne Tischwäsche ist die Bühne, auf der Dekorationen ihren Auftritt haben. Vom edlen Damast bis zum rustikalen Rohleinen, vom strahlenden Weiß bis zu Farben aller Schattierungen reicht das Angebot. Für welche Sie sich jeweils entscheiden, richtet sich einerseits nach dem Anlaß, andererseits nach der Art der Dekoration. Sehr festlich und verspielt wirkt Spitze (oder eine dünne Gardine mit einseitiger Spitzenborte), die über das Tischtuch gelegt oder gerafft wird. Aber auch mit breiten Satinbändern lassen sich tolle Effekte erzielen. Man kann sie der Länge nach als farbiges Tischband über eine weiße Tischdecke legen oder sie miteinander verflechten. Dazu die Bänder erst längs, dann quer auflegen und die Querbänder um die Längsbänder schlingen. Ähnlich wirkungsvoll lassen sich Tüllstreifen drapieren. Allerdings sollte man sich immer vor einem Zuviel an Dekoration hüten; Übertreibungen zerstören jede Gestaltung.

Decken

Servietten

Bänder

Ob edel oder rustikal, gut gestärkte und perfekt gebügelte Servietten dürfen auf keiner Tafel fehlen. Man kann sie aufwendig »brechen«, wie es in der Fachsprache heißt, aber auch (akkurat) gefaltet und angelegt sind sie ein Dekorationselement. Zum – schnell gemachten – Blickfang werden sie, wenn man sie zusammenrollt, mehrfach mit einer Kordel umwickelt, einen auffälligen Knoten macht und in diesen ein Blatt oder eine Blüte steckt. Oder nehmen Sie anstelle der Kordel ein farbiges oder Spitzenband, Bärgras oder Binsen. Sehr dekorativ sind auch Zöpfe aus Bast oder auf Golddraht aufgezogene Perlen, und sogar alter Modeschmuck kann hier noch bestens zum Einsatz kommen.

(Buchtips zum Serviettenbrechen: siehe Seite 160)

spannend

Zweimal derselbe Tisch, dieselben Textilien und dasselbe Geschirr, zweimal Lila als Leitfarbe – und doch jedesmal ein völlig anderes Bild. Einmal werden die violetten Töne vor dunklem Hintergrund mit schwerem Rosenrot und zum Teil leuchtendem Grün kombiniert. Dadurch entsteht eine kraftvolle Spannung. Die in einer kleinen Vase zu Füßen des Straußes gruppierten Alliumkugeln, die über den Tisch laufenden Ranken und die verstreuten Blüten verstärken diesen Eindruck zusätzlich.

ausgeglichen

Bei dieser Dekoration wird auf effektvolle Signale in Rot verzichtet, nur Lila und ein im Farbton einheitliches Grün wirken hier. Doch auch wenn beide Farben im Grunde neutral sind, entsteht kein Eindruck von Langweile. Dafür sorgen der wärmere, ins Purpur spielende Hintergrund und die lebhafte Anordnung von Gräsern und grüner Moluccella. Der behutsame Einsatz von Kontrasten schafft Ausgeglichenheit, keine Herausforderung. Wir sind eingeladen, uns zurückzulehnen und Kraft zu tanken.

Variationen

mal zart und offen, mal stilvoll

Pures Weiß kann sehr elegant wirken, aber je nach seiner Umgebung auch hart oder ausdruckslos erscheinen. Fügt man dem Schmuck jedoch eine Farbe hinzu, die mit dem Umfeld korrespondiert, läßt sich die Härte brechen beziehungsweise ein ausdrucksvolles Signal setzen. Unser Beispiel zeigt das sehr deutlich. Oben gibt nur die Farbe Weiß den Ton an, zart unterstützt durch das Grün von Zweigen und Blättern. Das schafft eine festliche und zugleich reine Atmosphäre. Der runde Tisch ist offen für seine Gäste und ihre Gefühle. Unten läßt das markante Lila die Dekoration stilvoller erscheinen. Der Tisch ist nun eckig, und wer an ihn geladen ist, kennt seinen Platz. Da die Farbe jedoch sehr hell gehalten ist, kommt es nicht zum Bruch, sondern zur Harmonie mit der Umgebung. Das ist auch mit anderen lichten Farben wie Apricot, Hellblau, Rosa, Hellgelb und Cremeweiß möglich.

Variat

Eine Hochzeitstafel präsentiert sich oben in reinem Weiß unter freiem Himmel. Der üppige Rosenschmuck, die schmeichelnd fallende Tischwäsche und das Spiel von Licht und Schatten nehmen der kühlen Farbe ihre Strenge. Was bleibt, ist der festliche Charakter – zurückhaltend und voller Erwartung auf das Kommende.

Rechts lockern warme Farben diesen Eindruck auf, ganz besonders das Rot und seine verwandten Töne. Wenn diese in Form von Blütenblättern wie vom Himmel gefallen zwischen dem Tafelschmuck verstreut werden, dann wird die Atmosphäre fröhlicher, aktiver und ungezwungener.

festlich
fröhlich
sinnlich

Eine deutlichere Sprache spricht da schon das Rosenrot der Liebe, das bei der oben gezeigten Variation in dem weißen Rahmen der Hochzeitstafel erstrahlt. Damit wird dem unschuldigen Idyll eine ordentliche Portion Sinnlichkeit verliehen. Dementsprechend ist die sehr natürliche Anordnung der cremefarbenen Rosen einem etwas strengeren Schmuck in einer »hochgeschlossenen« Vase gewichen. Ein Bild, das sogleich etwas mehr Hitze ausstrahlt als die beiden anderen Dekorationen.

Variationen

harmonisch mit frischer Belebung

Lila und Violett mit ihrem prägnanten Charakter sind offen für kleine Veränderungen mit großer Wirkung. Das kommt daher, daß diese beiden sich aus so symbolträchtigen Farben wie dem glühenden Rot und dem kühlen Blau zusammensetzen, zugleich aber neutrale Farben sind. Hier ist es das komplementäre Gelb der Zitrone, das dem Arrangement aus Lavendel- und Veilchenblau sowie einem ins Rosa spielenden Lila einen lebendigen und erfrischenden Akzent verleiht.

ruhige Entspannung

Im Bild links sind Violett und Lila auf sich allein gestellt. Trotzdem herrscht kein ermüdendes Einerlei – von dieser Tafel geht vielmehr eine unangestrengte Spannung aus. Dafür sorgen unterschiedliche Formen, die, jede für sich, sehr eigenständig sind, aber dennoch eine Einheit bilden: Eher konventionell und kompakt präsentieren sich die Veilchen im Topf, dazu gesellt sich ein natürlich wirkender Strauß. Den Blickpunkt aber bildet die freistehende »Skulptur« aus Lavendel. Die Stimmung eines trägen Nachmittags in der Provence …

Blickpunkt

Für jede Dekoration gibt es einen Platz, an dem sie am besten zur Geltung kommt, wobei das Hauptelement nicht unbedingt auf dem Eßtisch stehen muß. Objekte, die im übrigen Raum plaziert sind und dabei einen klaren Bezug zu kleineren Dekorationen auf

Hauptgruppe
Gegengruppe
Nebengruppe

dem Tisch haben, ergeben sogar oft ein weit stimmungsvolleres Gesamtbild. Denken Sie hierbei daran, die einzelnen Stücke unter dem richtigen Blickwinkel zu postieren. (Mehr darüber finden Sie auf der Seite 134.)

Platzbedarf

Dekoration schafft Stimmung – wenn sie den Rahmen bildet, nicht aber zur Hauptsache wird. Protzige und zu groß oder zu hoch geratene Arrangements lassen den Gast nebensächlich erscheinen und stören jede Unterhaltung. Prüfen Sie darum zuerst den Platzbedarf – damit sich Ihre Gäste wohlfühlen!

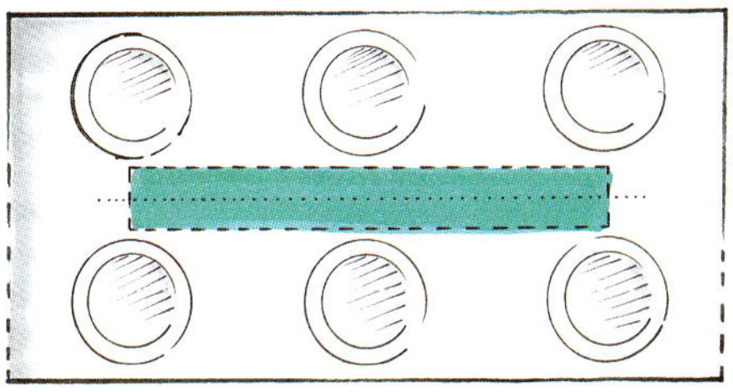

Tischgröße 180 x 90 cm

Pro Person brauchen Sie einen Platz von ca. 60 cm Breite und ca. 40 cm Tiefe. Bei sechs Personen bleibt da ein 10 cm breiter Streifen für einen niedrigen Tafelschmuck, etwa in Girlandenform. Alternativ kann die Dekoration mit hohen, schmalen Gefäßen auch über die Blickhöhe verlagert werden.

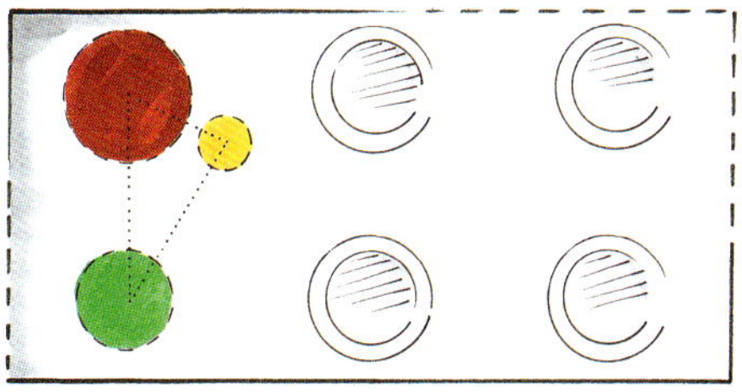

Sitzen hier vier Personen, bietet sich ein asymmetrischer Aufbau aus zwei oder drei unterschiedlich hohen und unterschiedlich breiten Teilen am Tischende an. Damit diese Anordnung auch die nötige Harmonie bekommt, braucht sie sowohl einen erkennbaren Bezug der Deko-Elemente zueinander als auch Raum dazwischen. (Beispiele auf den Seiten 38/39, 55, 64/65, 67, 102/103, 126/127.)

Tischgröße ∅ 100 cm

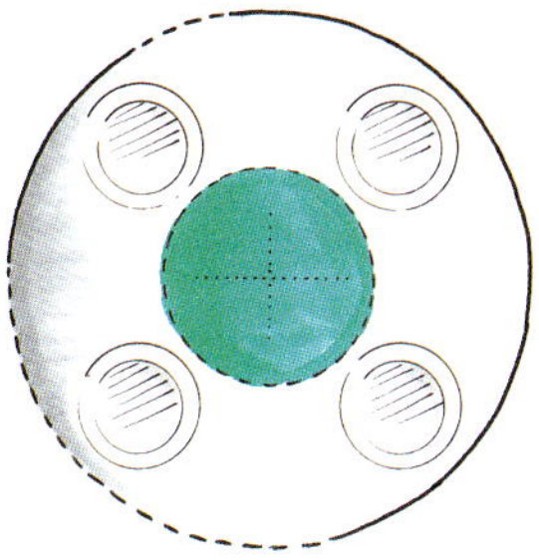

Ist an einem runden oder quadratischen Tisch jeder Platz besetzt, muß die Dekoration entweder niedrig und von der Mitte aus nach außen fließend sein oder aus hohen, schmalen, den Blick nicht störenden Gefäßen bestehen.

Bleiben an solchen Tischen Plätze frei, bietet sich hier – wie beim nicht voll besetzten langen Tisch – eine asymmetrische Gestaltungsform an.

Buchtips:
Siehe Seite
160

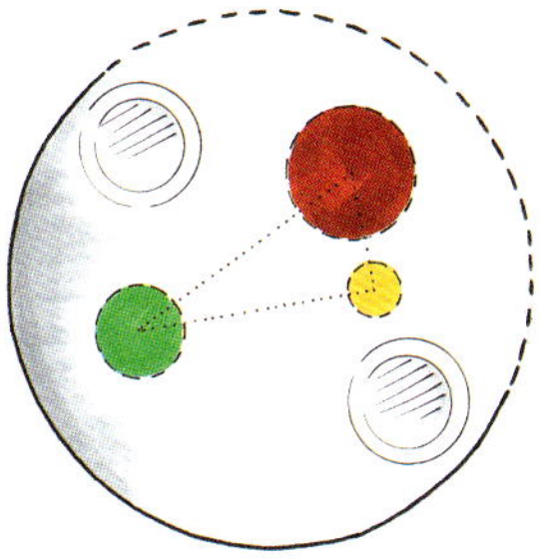

Autorin

Hanna Raissle

Hanna Raissle ist Floristin und Gastgeberin aus Leidenschaft. Für sie müssen Menü, Tisch und Raum immer eine Harmonie bilden. Hanna Raissle lebt in München und arbeitet bundesweit als „Florale Dekorateurin" für Betriebe der Spitzengastronomie, für Gala- und Firmenveranstaltungen, aber auch für private Kunden

Raimund J. Löfflad befaßte sich seit seiner Meister-prüfung 1975 vorrangig mit der Portraitfotografie und erkannte – ausgehend vom Menschen –, daß alle Dinge eine eigene Ausstrahlung haben. Diese „Seele", diese Stimmung in Bildern sichtbar zu machen, wurde und ist für ihn seit 20 Jahren eine verlockende Herausforderung

Fotograf

Raimund J. Löfflad